ABÉCÉDAIRE

NOUVEAU,

OU

MÉTHODE AMUSANTE

POUR

APPRENDRE A LIRE AUX ENFANS.

Ma Petite Maman embrasse ton enfant, il sera bien gentil.
Ce n'est pas tout d'être gentil,
Il faut encore apprendre à lire.

le travail porte avec lui
sa récompense.
Après le travail
la récréation.

A Paris chez Delion, Rue Montmartre N.º 142.
l'entrée par le Boulevard, Maison du C.en Pascal.

ABÉCÉDAIRE

NOUVEAU,

OU

MÉTHODE AMUSANTE

POUR

APPRENDRE A LIRE AUX ENFANS.

DEUXIÈME ÉDITION,

Revue, corrigée, et considérablement augmentée,
et une instruction sur les animaux.

Il faut obéir à ses maîtres de bonne volonté,
servir ses amis de bon cœur.

A PARIS,

Chez DELION, seul propriétaire, rue Montmartre, n.º 142, l'entrée par le boulevard,
maison du citoyen Pascal, sellier.

AN VIII.

MES chers enfans, apprenez bien à lire et à écrire, car c'est le second besoin de la vie humaine; je promets de donner pour récompense :

à CORNÉLIE, une belle poupée;

à PAUL, un beau cheval;

à MARCELIN, une belle voiture;

et à FANFAN, une belle trompette.

Petites leçons de morale, dédiées aux enfans.

IL ne faut jamais se moquer des misérables ; car qui peut s'assurer d'être toujours heureux ?

La mémoire des malheureux qu'on a soulagés, donne un plaisir qui renaît sans cesse.

Ce n'est pas obéir, que d'obéir lentement.

Présent des dieux, doux charme des humains, ô divine amitié! viens pénétrer nos ames : un ami véritable est le plus grand des biens.

Déposé à la Bibliothèque.

ABÉCÉDAIRE NOUVEAU.

INTRODUCTION FAMILIÈRE.

Mon petit ami, étant encore au berceau, des sons ont frappé ton oreille. Depuis que tu es plus grand, tu les répètes, lorsque tu demandes du *pain*, des *confitures*, etc.: mais il te seroit bien impossible de les retrouver dans un livre; cependant ils y sont.

C'est en les traçant sur du papier, que je me fais entendre de ton papa, qui est bien loin, bien loin; c'est par ce moyen que je lui fais savoir que tu es sage, et qu'il me dit de t'embrasser pour lui.

Allons, petit ami, il faut te dépêcher d'apprendre à *lire*, tu *liras* les lettres de papa; il t'en écrira aussi.

Viens sur mes genoux, et écoute-moi bien.

Les figures avec lesquelles les Français parlent, lisent et écrivent la langue nationale, s'appellent *lettres*.

On compte vingt-quatre lettres qui composent l'*alphabet*.

Remarque bien leur forme avec attention, et sans te presser, pour ne pas l'oublier.

> La douceur et la complaisance,
> Mènent l'enfant à la science.

Nota. Il ne faut que faire remarquer aux enfans la figure de chaque lettre, sans la leur faire nommer.

<table>
<tr><td>A</td><td>B</td></tr>
<tr><td>C</td><td>D</td></tr>
<tr><td>E</td><td>F</td></tr>
</table>

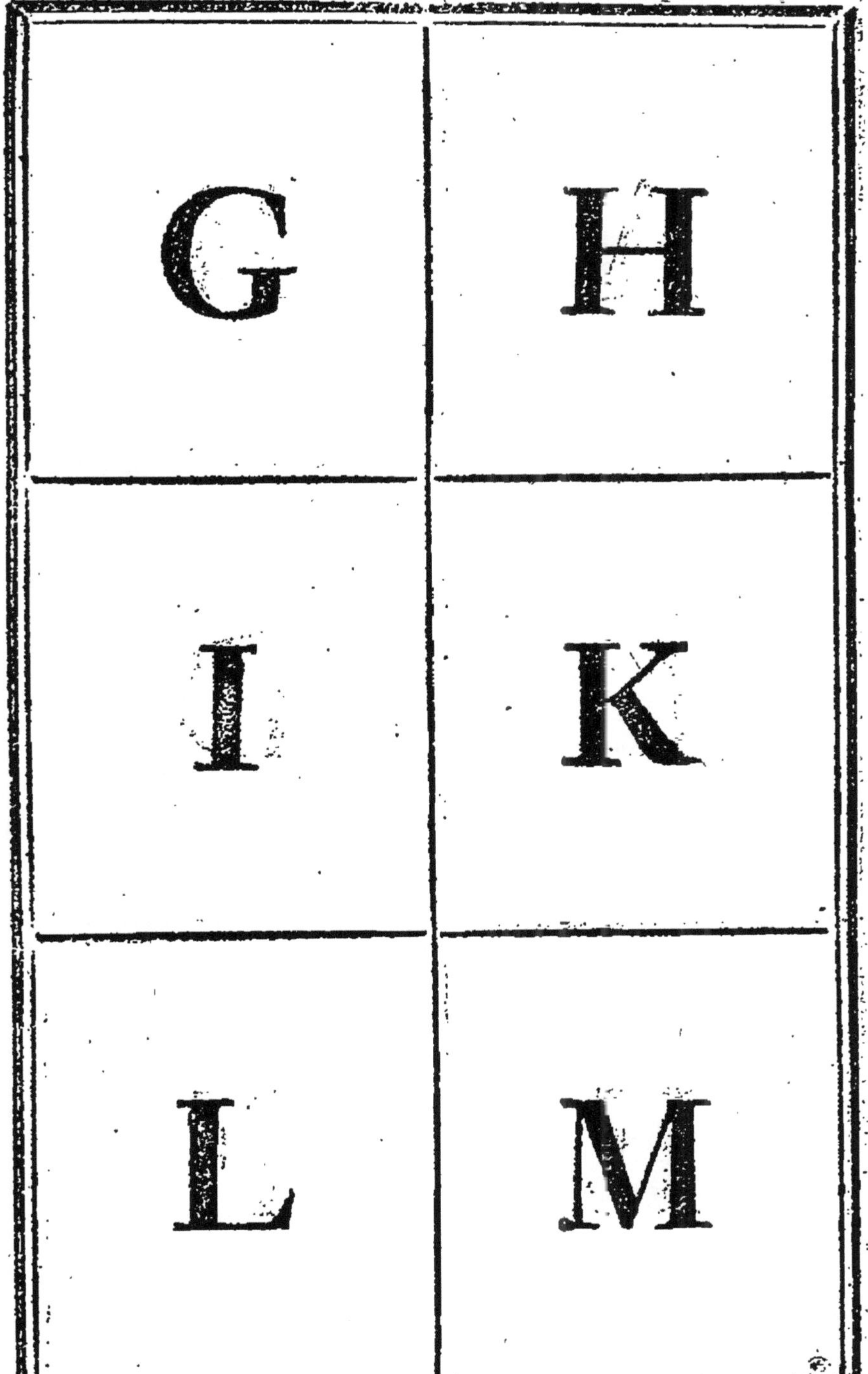
G
H
I
K
L
M

<table>
<tr><td>N</td><td>O</td></tr>
<tr><td>P</td><td>Q</td></tr>
<tr><td>R</td><td>S</td></tr>
</table>

<table>
<tr><td>T</td><td>U</td></tr>
<tr><td>V</td><td>X</td></tr>
<tr><td>Y</td><td>Z</td></tr>
</table>

Page suivante.

Voyez, mes chers petits enfans, l

cinq figures qui prononcent les ci

voyelles :

A E I O U

L'*A* se prononce la bouche ouvert

L'*E*, la bouche un peu moins ouvert

L'*I*, la bouche presque fermée, et u

peu du nez;

L'*O*, la bouche ouverte sur le hau

et les joues rentrées;

L'*U*, la bouche presque fermée, et

lèvre supérieure avancée.

On ne peut parler sans le secours de ces lettres.
E A
I
U O

Toutes ces lettres que tu viens de voir, ne se prononcent pas toutes de la même manière : dans les vingt-quatre il y en a cinq que l'on nomme *voyelles*, qui, à elles seules, produisent un son plein et net.

Voici les voyelles; fais comme le petit garçon de l'image.

A E I

O U.

Les dix-neuf lettres qui restent se nomment *consonnes*; elles empruntent leur son d'une de ces voyelles que tu viens de répéter, de manière que la lettre *B* se prononce comme s'il y avoit un *e* après le *B*.

Exemple pour les dix-neuf consonnes.

B	Be.		N	En	ne.
C	Ce.		P	Pe.	
D	De.		Q	Qu.	
F	Ef	fe.	R	Er	re.
G	Ge.		S	Es	se.
H	A	che.	T	Te.	
J	Gi.		V	Ve.	
K	Ka.		X	Ik	ce.
L	El	le.	Y	Y	grec.
M	Em	me.	Z	Zai	de.

Actuellement nommons indistinctement toutes les lettres de notre alphabet, voyelles et consonnes; pour te les rappeler plus facilement, regarde bien ces petites images qui sont à côté.

N.º 2. BÉLIER.

Le bélier, cet animal hébété, n'ayant d'autre instinct que la pâture, a bien dégénéré de ce qu'il étoit; d'après M. de Buffon, on pourra en juger. Le nombre des anneaux qu'on remarque sur ses cornes, indique son âge.

N.º 1. ANE.

L'âne, à qui l'on reproche plusieurs vices dans le caractère, les rachète par la grande utilité dont il est pendant sa vie : de sa peau, l'on fait des tambours. Il vit trente ans, et est originaire de l'Arabie.

N.º 6. FAISAN.

Le faisan est fort estimé; il vit dans les bois, et se perche la nuit sur les arbres les plus hauts : la mie de pain et l'œuf mêlés ensemble, nourrissent ses petits. Le faisan rouge de la Chine est le plus bel oiseau de l'Asie.

N.º 5. ÉCUREUIL.

L'écureuil est vif, léger, propre, industrieux, prévoyant, a les mœurs douces, innocentes, vit de fruits. Il traverse les eaux sur une écorce d'arbre qui lui sert de vaisseau; sa queue est le gouvernail.

N.º 10. KABASSOU.

Le kabassou, ou tatou, se nourrit de végétaux, n'est point dangereux, s'apprivoise, a la facilité de se mettre en boule lorsqu'il est poursuivi; il est agréable à manger. Le crâne de cet animal est admirable.

N.º 9. J. IRIS.

Cette plante donne une odeur de violette des plus agréables; elle est l'ornement des parterres; sa feuille sert à peindre la miniature; son suc est un purgatif violent; on en fait des parfums très-recherchés.

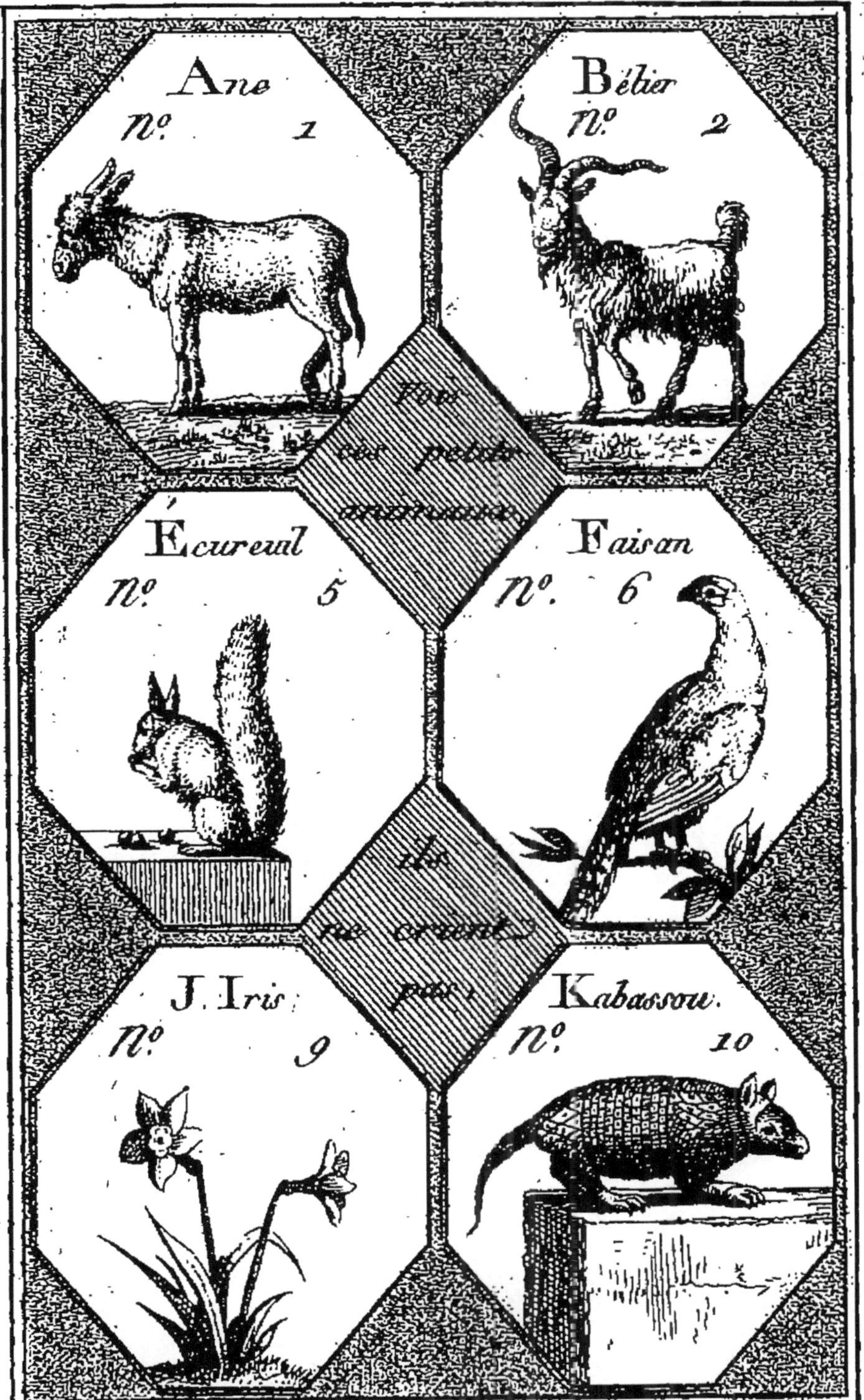
Ane
n.º 1
Bélier
n.º 2
Écureuil
n.º 5
Faisan
n.º 6
J. Iris
n.º 9
Kabassou.
n.º 10

Chien.
No. 3
Dindon
No. 4
Geai
No. 7
Hérisson
No. 8...
Lièvre
No. 11
Mouton
No. 12

N.º 4. DINDON.

On assure qu'il faut plonger le dindon dans l'eau à l'instant de sa naissance, et le nourrir de pain et de vin, pour le rendre plus robuste : au bout d'un mois il va aux champs; la couleur rouge le met en fureur.

N.º 3. CHIEN.

Le chien, livré à lui-même dans son état de nature, est le seul animal à qui l'homme puisse se fier ; il est même susceptible d'éducation. Les Nègres et les Sauvages mangent le chien rôti.

N.º 8. HÉRISSON.

Le hérisson fait sa retraite dans le creux des arbres, ne sort que la nuit, passe l'hiver à dormir, se nourrit d'œufs de fourmis : sa chair est indigeste; c'est une viande de carême pour les Espagnols.

N.º 7. GEAI.

Le geai s'apprivoise, siffle, parle, contrefait les autres oiseaux: comme la pie, il cache ce qu'il a dérobé ; ses qualités sociales sont démenties par les vices de son naturel ; toute espèce de nourriture lui convient.

N.º 12. MOUTON.

Le mouton, symbole de la douceur et de la timidité, n'existe que pour nos besoins ; sa laine, sa peau, sa chair, ses os même sont utiles : l'usage du sel lui rend l'appétit, et lui procure une plus belle laine.

N.º 11. LIÈVRE.

Le lièvre, dont la race est très-répandue, paroît être destiné au plaisir de l'homme. Dans la Laponie il est blanc l'hiver, et reprend sa couleur fauve en été ; il vit de plantes ; il dort les yeux ouverts.

N°. 14. OIE.

On voit cette espèce d'oiseau arriver au vol en France, et traverser les airs à l'approche de l'hiver : celui qui est à la tête, fend l'air ; et lorsqu'ils sont fatigués, ils s'abattent dans les plaines de blé.

N.° 18. SOLEIL.

Cet astre lumineux éclaire le monde entier de ses rayons bienfaisans ; il réchauffe nos ames et la terre, dont les productions nourrissent les hommes, les animaux, les plantes, et tout ce qui respire.

N.° 22. XÉNOPHON.

Xénophon étoit un des plus anciens philosophes de la Grèce ; il donna l'exemple de la sagesse à ses concitoyens. Mes chers enfans ! suivez ses principes, qu'il soit votre modèle dans toutes vos actions.

N.° 13. NÈGRE.

On donne ce nom à une variété d'hommes noirs de l'Afrique. Les vices les plus marqués semblent être l'apanage de cette race infortunée : ils sont paresseux, vindicatifs, gourmands et voleurs ; mais il y en a de bons.

N°. 17. RENARD.

Cet animal, rusé par instinct, jaloux de l'indépendance, trouve sa nourriture par adresse ; il est l'ennemi le plus redoutable aux basse-cours. Il se coupe la patte avec ses dents lorsqu'il est pris.

N°. 21. VACHE.

La vache est assez utile pour faire la richesse du ménage champêtre ; elle donne du lait aux petits enfans, et du beurre pour mettre sur leur pain. Les vaches de la Hollande fournissent le meilleur lait.

Nègre
Nº 13
Oye
Nº 14
Renard
Nº 17
Soleil
Nº 18
Vache
Nº 21
Xéno-
phon
Nº 22

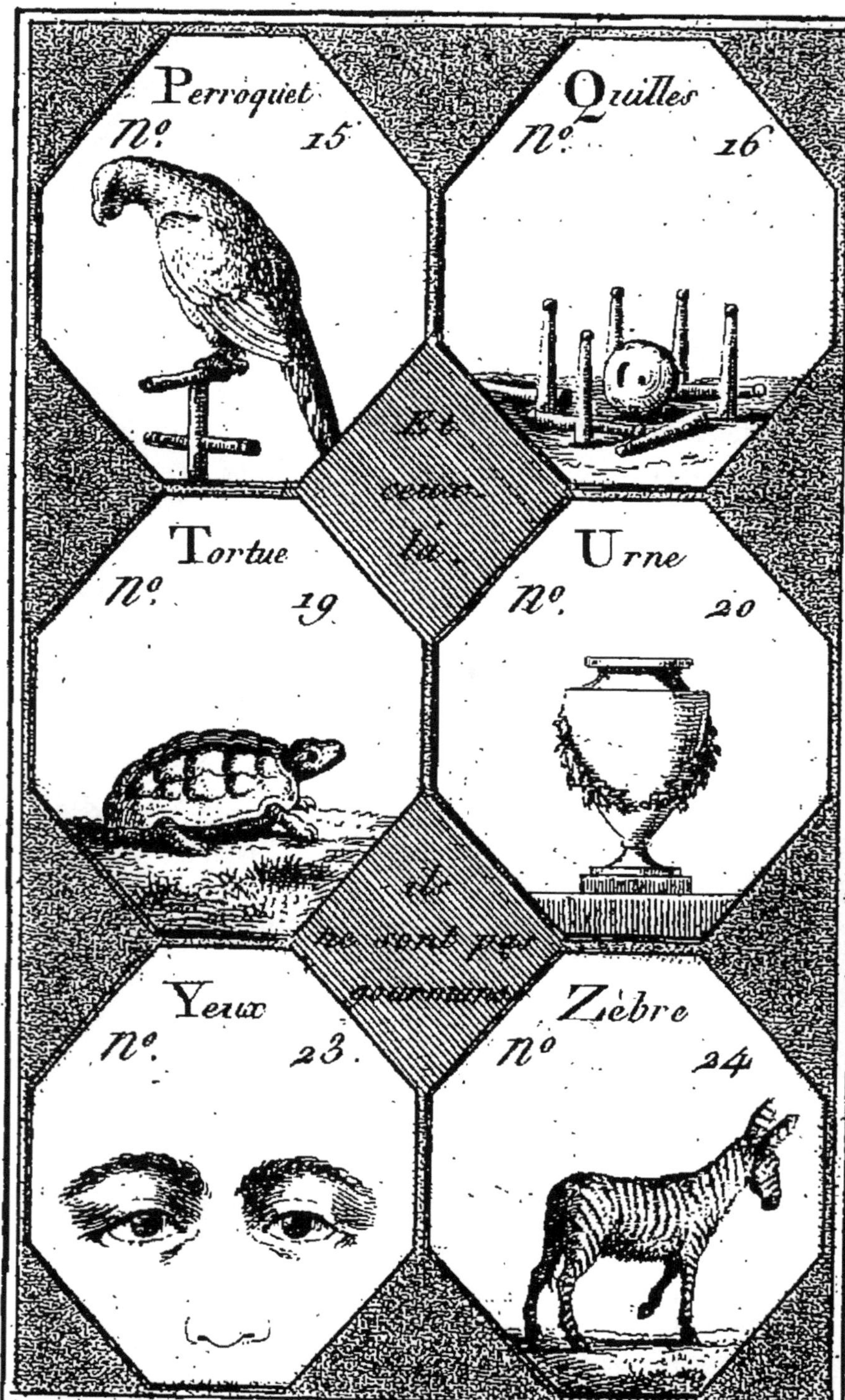

Perroquet
N.º   15
Quilles
N.º   16
Tortue
N.º   19
Urne
N.º   20
Yeux
N.º   23.
Zèbre
N.º   24

N.º 16. QUILLES.

Aux petits enfans qui apprennent bien à lire et à écrire, l'on donne des quilles pour récompense. C'est aussi l'amusement des habitans des campagnes les jours consacrés au repos.

N.º 15. PERROQUET.

Cet oiseau domestique est recherché par sa douceur; il apprend facilement, et se plaît à se balancer suspendu à une branche flexible et élastique; la graine de coton l'enivre. Il nous vient de l'Amérique.

N.º 20. URNE.

L'urne est un vase dans lequel nos pères et mères conservoient les cendres de leurs ancêtres, en reconnoissance de l'éducation qu'ils en avoient reçue, et par le respect qu'ils avoient pour eux.

N.º 19. TORTUE.

La tortue a un bouclier si ferme, qu'une voiture passeroit dessus sans l'aplatir; elle vit d'herbe, dans les prairies qui se trouvent au fond de la mer. Une tortue sans tête a vécu vingt-trois jours.

N.º 24. ZÈBRE.

Le zèbre est doux, mais difficile à apprivoiser : il a la légéreté du cerf; le roi de Portugal en a quatre à son carrosse. Sa taille est élégante, sa peau est bariolée; on la conserve soigneusement.

N.º 23. YEUX.

Les yeux sont le miroir de l'ame: on y voit si les enfans apprennent bien à lire et à écrire, et s'ils sont obéissans à leurs parens et à leurs maîtres; on y voit de même si les enfans sont menteurs.

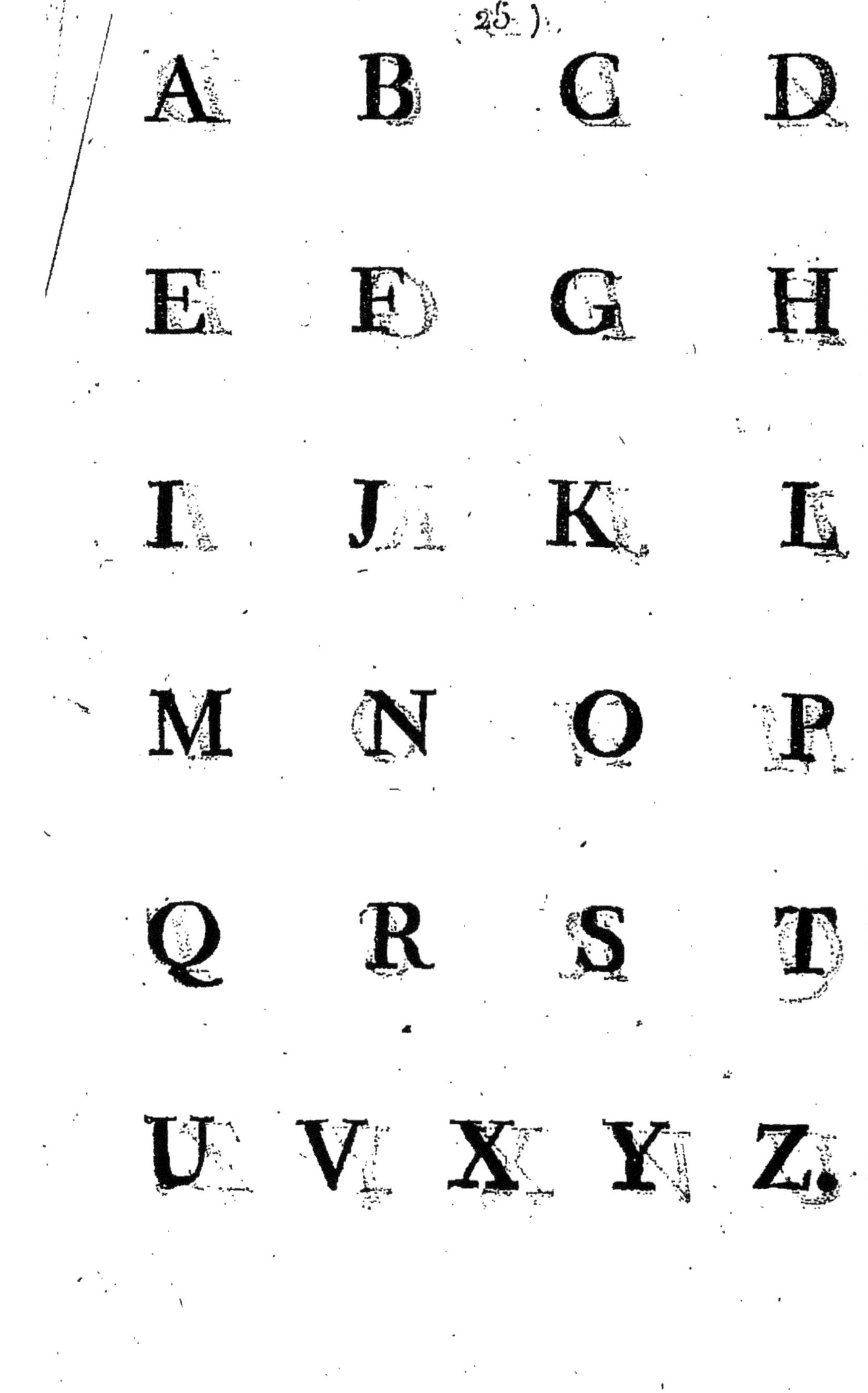

A B C D
E F G H
I J K L
M N O P
Q R S T
U V X Y Z.

A B C D

E F G H

I J K L

M N O P

Q R S T

U V X Y Z.

a   b   c   d

e   f   g   h

i   j   k   l

m   n   o   p

q   r   s   t

u   v   x   y   z

Lettres doubles.

æ œ fi ffi
fi ffi fl ffl
ff ſb fl ff
&ct; ſt w &.

æ œ fi ffi
fi ffi fl ffl
ff ſb fl ff
&ct; ſt w &.

V N L U

Z O R Y

I S Q F

H M A K

G D J C

E B P X T.

Montre-moi les voyelles, montre-moi les consonnes.

Voici encore de jolies petites images qui, en les nommant, produiront par leurs finales des sons qui te donneront des facilités pour épeler.

des bas . . . . *a.*
une pipe . . . . *ip.*
une chaise . . . . *aise.*
la lune . . . . *une.*
un serpent . . . . *en.*
le soleil . . . . *eil.*
une femme . . . . *emme.*
un fauteuil . . . . *euil.*
de la dentelle . . . . *el.*
une fourchette . . . . *ette.*
un mouton . . . . *on.*
un loup . . . . *ou.*
une carafe . . . . *af.*
une cage . . . . *age.*
un verre . . . . *er.*
des os . . . . *o.*
des raves . . . . *av.*

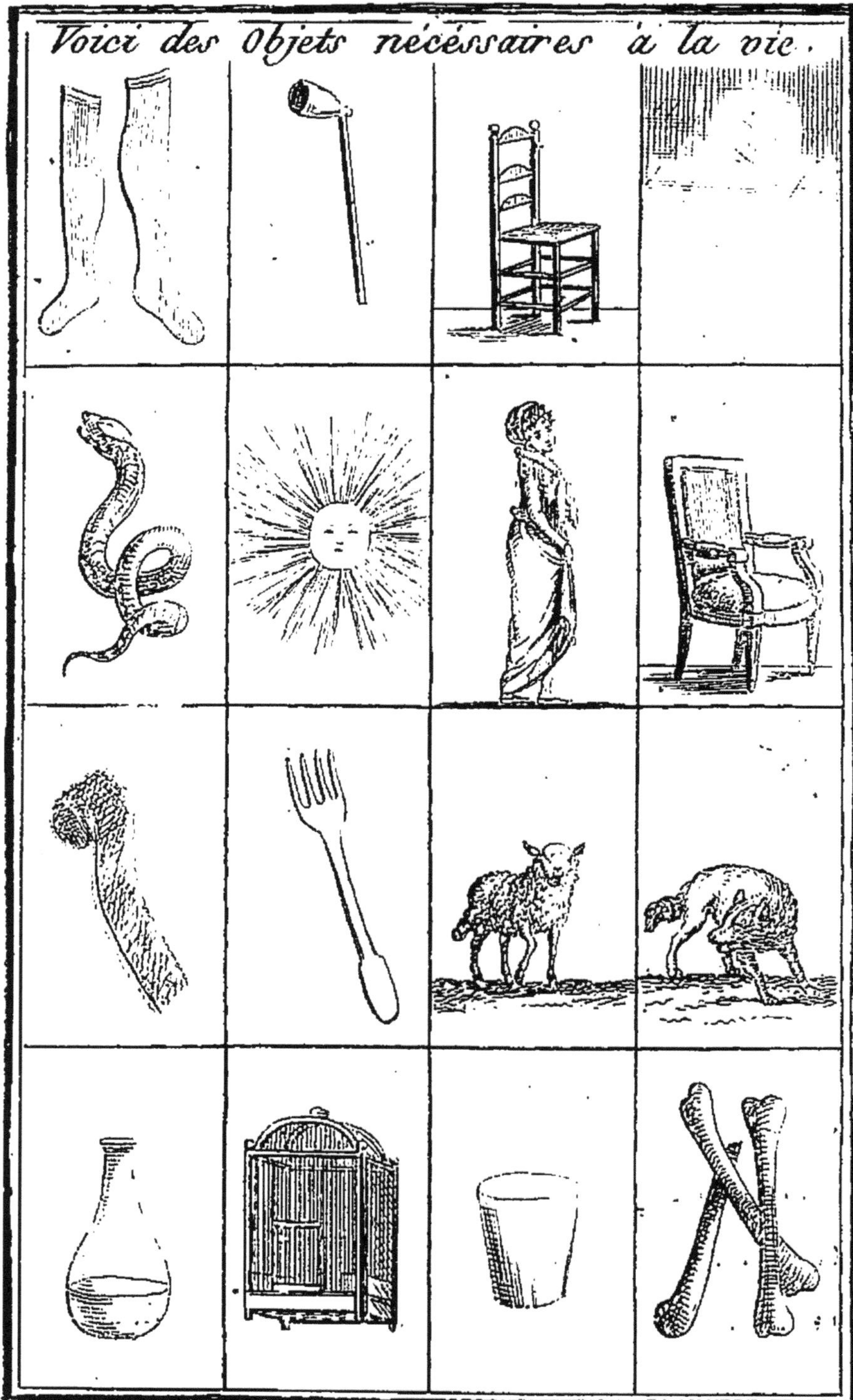
Voici des Objets nécéssaires à la vie.

Des bas pour mettre aux jambes.
Une pipe pour ton papa.
Une chaise pour t'asseoir.
La lune, qui nous éclaire la nuit.
Un serpent, dont la piqûre est dan-
gereuse.
Le soleil, qui nous éclaire le jour.
La femme, qui nourrit son enfant.
Le fauteuil, pour asseoir ton oncle.
La dentelle, pour faire un bonnet.
Une fourchette, pour piquer de la
viande.
Un mouton, dont la laine sert à faire
des habits.
Un loup, qui mange les moutons.
Une carafe, pour mettre de l'eau.
Une cage, pour loger un petit oiseau.
Un verre, pour boire.
Des os, pour faire des joujoux.

Sons formés d'une voyelle et d'une consonne.

ab   eb   ib   ob   ub.
ac   ec   ic   oc   uc.
ad   ed   id   od   ud.
af   ef   if   of   uf.

---

ag   eg   ig   og   ug.
al   el   il   ol   ul.
am   em   im   om   um.
an   en   in   on   un.

---

ap   ep   ip   op   up.
aq   eq   iq   oq   uq.
ar   er   ir   or   ur.
as   es   is   os   us.

---

at   et   it   ot   ut.
av   ev   iv   ov   uv.
ax   ex   ix   ox   ux.
az   ez   iz   oz   uz.

Sons formés d'une consonne avant une voyelle.

ba	be	bi	bo	bu.
ca	ce	ci	co	cu.
ka	ke	ki	ko	ku.
da	de	di	do	du.
fa	fe	fi	fo	fu.
ga	ge	gi	go	gu.
ja	je	ji	jo	ju.
la	le	li	lo	lu.
ma	me	mi	mo	mu.
na	ne	ni	no	nu.
pa	pe	pi	po	pu.
ra	re	ri	ro	ru.
sa	se	si	so	su.
ta	te	ti	to	tu.
va	ve	vi	vo	vu.
xa	xe	xi	xo	xu.
za	ze	zi	zo	zu.

Syllabes et mots mélangés.

dieu. — bon. — ciel. — so leil. — ter ré. — hom me. — a ni maux. — pein tre. — pa pa. — ma man. — fleur. — sen si ble. — lé gu me. — frè re. — cam pa gne. — fil le. — œuf. — vi gno ble. — bruit. — ar moi re. — on. — mou tar de. — pos si ble. — pan tou fle. — ba vard. — ba bil lard. — che mi se. — ta ba tiè re. — tem pé ran ce. — main te nant. — pro di gi eu se ment. — con fi tu re. — gloi re. — vo lon tai re ment. — ser ment. — han ne ton. — bel le. — ce ri se. — mou ton. — che val. — hom ma ge. — tra gi que.

— bo bè che. — che min. — cons ti tu ti on nel le ment. — at ta che ment. — chif fre.

Syllabes composées de sons difficiles.

quan. — fay. — flim. — sy. — sphon. — brom. — tret. — treuil. — clau. — psen. — presse. — koir. — jem. — floient. — pleuille. — phrais. — pteuille. — glouille. — throir. — c'est. — strouille. — chien. — pelle. — sein. — glaille. — chram. — grais. — clisse.

DES ACCENS.

Sais-tu que tu es déjà un peu savant? aussi nous allons lire des mots entiers.

Il faut que tu saches actuellement que parmi les voyelles il en est une que l'on distingue plus particulièrement : c'est l'*e*; il se prononce de trois manières.

L'*e* muet, l'*é* fermé, l'*è* ouvert.

Tu remarques bien que l'*e* ne change pas de figure; mais c'est sa prononciation qui change, et les petits traits que tu vois au-dessus l'indiquent.

On appelle *e* muet celui qui n'a pas de petit trait au-dessus; le son qu'il produit n'est pas sensible à l'oreille.

Exemple : *Sucre,* c'est comme s'il y avoit *sucr.*

On appelle *é* fermé celui que l'on prononce la bouche presque fermée.

Exemples : *Pâté, bonté, liberté.*

On le reconnoît au petit trait qui va de
droite à gauche : ce petit trait a aussi son
nom ; il s'appelle *accent aigu,* ⟋ .

On appelle *e* ouvert celui qu'on prononce la bouche bien ouverte ; on le reconnoît à un autre petit trait qui va de
gauche à droite ⟍ , et qui s'appelle *accent
grave.*

Exemples : *Abcès, procès.*

Il y a encore un accent que l'on nomme
circonflexe, ainsi figuré ∧ ; on le met sur
la voyelle sur laquelle on est convenu
d'appuyer davantage.

Exemples : *Pâté, plâtre, blâme.*

Nota. Il faut avoir attention de faire remarquer dans
les leçons suivantes, les accens.

Mots entiers composés de trois syllabes.

a-bat-tu.	of-fi-ce.
ad-mi-re.	i-do-le.
é-lo-ge.	o-pé-ra.
as-si-du.	en-ne-mi.
at-te-lé.	o-li-ve.
a-va-re.	i-ma-ge.
o-ta-ge.	dé-cè-le.
in-sen-sé.	o-bo-le.
ap-pe-lé.	o-pi-um.

Mots de quatre syllabes.

dif-fé-ren-te.	hé-ro-ï-que.
hu-mi-di-té.	in-dé-fi-ni.
vé-ra-ci-té.	py-ra-mi-de.
mo-no-po-le.	da-ri-o-le.
cu-pi-di-té.	al-li-an-ce.
che-vro-ti-ne.	mé-de-ci-ne.
vi-va-ci-té.	mou-che-tu-re.
bo-ta-ni-que.	hon-nê-te-té.
tem-pé-ran-ce.	di-vi-ni-té.

Phrases suivies.

Aime bien ton papa.

Caresse bien ta maman.

Sois sage et obéissant.

Parle bien distinctement.

Ne fais point de mal au minet.

Il ne faut pas avoir peur du chien.

Médor est bien caressant.

La lumière vient du soleil.

Ces fleurs parent les jardins.

La terre a besoin de culture.

Le joli papillon bleu !

Le feu brûle les petits enfans qui y
touchent.

Les menteurs sont détestés.

On se moque des gourmands.

Les paresseux ne vont pas promener.

On embrasse les enfans bien sages.

La propreté est l'amie de la santé.

N'oublions pas le bien qu'on nous fait.

Il faut savoir manger de tout.

Respectez les vieillards, écoutez leurs conseils.

La décence est à une jeune fille, ce que l'aurore est à un beau jour.

Faites le bien pour le plaisir de faire des heureux.

Voilà qui va à merveille. Nous allons lire de petites histoires : mais tu vas rencontrer des signes tout-à-fait nouveaux, qui seront à côté des lettres, dessus ou dessous ; ces signes ont chacun leur utilité.

Ils s'appellent	Voici leur figure :
Tréma,	..
Apostrophe,	'
Trait d'union,	-
Cédille,	ç
Virgule, pour s'arrêter un peu,	,
Point et virgule, davantage,	;
Deux points, davantage encore,	:
Un point, tout-à-fait,	.
Point d'interrogation,	?
Point d'admiration,	!

Le tréma avertit qu'il faut prononcer la voyelle sur laquelle il se trouve, séparément de celle qui précède.

Exemple : *ha-ïr.*

L'apostrophe se met en haut, à la place d'une voyelle supprimée.

Exemple : *l'arbre*, au lieu de dire *le arbre*.

Le trait d'union se met entre deux mots qui n'en font qu'un.

Exemple : *porte-crayon*.

La cédille se met au bas sous la lettre *c*, pour avertir qu'on doit le prononcer comme une *s*.

Exemple : *leçon*.

Le point et virgule marque que la phrase n'est pas entièrement finie.

Les deux points marquent qu'une phrase est finie, mais qu'elle dépend d'une phrase composée, dont toutes les parties sont liées avec la principale.

Nota. Applique l'exemple par-tout où il se rencontrera.

Lecture suivie.

Mon ami, il fait grand jour.

Le déjeûner nous attend; c'est de la crême.

Il ne faut pas jeter le pain à terre : il est tant de gens qui n'en ont pas assez!

Vois-tu ce petit garçon dans la rue? il n'a sûrement pas déjeûné, car il pleure en tendant son chapeau aux passans.

Donne-lui de ton pain. . . . . .

Vois comme il le mange avec appétit.

Tu es bien content, n'est-ce pas, de l'avoir rendu si joyeux?

———————

Aujourd'hui il fait bien froid.

Le jardin est couvert d'un tapis blanc.

C'est de la neige; on en fait des boules pour jouer : mets-les auprès du feu.

Elles fondent.

C'est que la neige est de l'eau gelée par le froid.

Il fait encore plus froid qu'hier.

Comment feront les pauvres enfans qui n'ont ni bas ni souliers, ni feu pour se chauffer?

Il faut leur donner quelques pièces de monnoie; leur maman leur en achetera, et ils diront : Le petit garçon a bon cœur, nous l'aimons bien.

LES CINQ SENS.

La Vue.

Maman, maman, voilà un bien joli papillon. . . . . .

Tu as raison, *ma bonne.* Comme ses couleurs sont brillantes! Tu veux l'attraper? Bon! il est plus leste que toi.

Reviens, reviens, joli papillon : *Lili* ne te fera pas de mal, elle a trop de plaisir à te voir.

Mais dis-moi donc, ma fille, comment

as-tu pu voir ce papillon? — Avec mes yeux, maman. — Et si tes yeux eussent été fermés, l'aurois-tu vu? — Non, maman. Tiens, quand je ferme les yeux, c'est comme s'il n'y avoit plus de lumière dans la chambre.

L'Ouïe, celui des sens par lequel on reçoit les sons.

Mon dieu! maman, comme mon frère crie! — Es-tu bien sûre qu'il crie? — Sûrement, maman; j'ai de bonnes oreilles. . . . .

Comment, mon ami, c'est toi qui fais ce vacarme! un enfant de ton âge! Ta petite sœur n'a que des cris pour se faire entendre; mais toi, qui parles fort bien, c'est bien honteux, pour une petite bosse au front. . . . . Mais cela n'arrivera plus, n'est-ce pas?

Allons, *Lili,* ferme encore tes yeux; bouche tes oreilles, je veux t'apprendre quelque chose.

L'Odorat.

.Qu'ai-je mis.sous.ton nez? —— Maman, c'est une fleur. —— Et laquelle? —— Une rose. —— C'est juste, mon enfant.. Ouvre les yeux; la voici : admire sa fraîcheur; mais son odeur, voilà ce qui nous charme.

Remarque bien que voilà trois moyens qui te servent à distinguer les objets : la *vue*, *l'ouïe* et *l'odorat*.

Le Goût.

Mais voici Joseph, qui tient une corbeille remplie de fruits.

Que ces pêches vermeilles sont appétissantes!

En voici une, *Lili;* à toi, *Paul :* croquez-les, mes amis. Eh bien! qu'en dites vous?

Maman, leur jus est aussi doux que du sucre fondu. —— Eh bien! mes enfans,

voilà un quatrième moyen par lequel vous
pouvez savoir quelque chose.

Le Toucher.

Paul!. Paul.! qu'avez-vous fait ?

Je vous avois défendu d'approcher des
porcelaines, et les voilà brisées.

Pourquoi donc *toucher* à tout ?

Mais n'en parlons plus ; tu seras plus
sage à l'avenir.

Vous voilà convaincus, mes enfans,
que vous êtes doués de cinq sens bien
distincts, la *vue,* l'*ouïe,* l'*odorat,* le *goût,*
le *toucher,* au moyen desquels il est très-
facile de distinguer ce qui est nuisible ou
agréable. Quel malheur pour ceux qui en
sont privés !

Un aveugle, un sourd, sont bien à
plaindre, n'est-ce pas ?

Mon ami, je veux t'apprendre les noms des différens cris des animaux.

Le chien aboie, . . *ou ou ou.* . . .
Le cochon grogne, *grou grou.* . . .
Le cheval hennit, . *hi hi hi.* . . .
Le taureau beugle, *beu beu.* . . .
L'âne brait, ... *hi han hi han.* . .
Le chat miaule, . . *mia o mia o.* . . .
L'agneau bêle, . . *bai bai.* . . .
Le lion rugit, . . . *ouun ouun.* . . .
Le loup hurle, . . *hu hu hu.* . . .
Le coq chante, . . *quo co ri quo.* . . .
Le corbeau croasse, *couaque couaque.* .
Le pigeon roucoule, *quo rou cou cou.* .
La poule glousse, . *cloq cloq quote codette*
L'homme parle.

Combien as-tu de mains ? Deux.
A chaque main combien de doigts ? Cinq.
Combien un cheval a-t-il de jambes ? Quatre ?
Combien de pattes ont les poules ? Deux.

Mais les oiseaux ont des ailes pour voler bien haut dans l'air.

Et les poissons, combien ont-ils de jambes? Ils n'en ont point; ils ont des nageoires pour se soutenir dans l'eau.

. . . . . .

———

Les arbres ont des racines.

Elles s'étendent bien loin sous la terre.

Les racines sont comme les jambes et les pieds des arbres.

Le tronc est leur corps, et les branches sont leurs bras. Sur les branches il vient des feuilles, des fleurs, puis des fruits, comme les pommes et les cerises.

———

Voici un joli petit jardin. Il faut d'abord remuer la terre avec une bêche; ensuite tu feras un petit trou pour mettre ta graine de cresson; tu la recouvriras de terre légèrement, puis tu l'arroseras. Oh! quel plaisir de manger ton cresson en salade, lorsqu'il sera bien poussé!

Sais-tu quel jour c'est aujourd'hui? Non.

Pourquoi donc as - tu si grande envie de courir dans le jardin? il n'y a pas long-temps que tu ne quittois pas la cheminée? . . . . Ah! c'est pour cueillir des fleurs.

D'où vient donc qu'il ne fait plus froid?... Tu ne sais rien de tout cela; eh bien! je vais te l'apprendre.

C'est aujourd'hui décadi.

Nous entrons dans le mois de floréal, qui est la saison des fleurs.

Ce que l'on appelle décade est un composé de dix jours.

Trois décades forment un mois, et douze mois une année, en y ajoutant cinq jours, que l'on appelle *complémentaires*.

Les dix jours de la décade se comptent ainsi :

Primidi, *ou* premier jour.
Duodi, *ou* deuxième jour.
Tridi, *ou* troisième jour.
Quartidi, *ou* quatrième jour.
Quintidi, *ou* cinquième jour.

Sextidi, *ou* sixième jour.
Septidi, *ou* septième jour.
Octidi, *ou* huitième jour.
Nonidi, *ou* neuvième jour.
Décadi, *ou* dixième jour.

Les mois se nomment :
Vendémiaire, Brumaire, Frimaire ;
Nivose, Pluviose, Ventose ;
Germinal, Floréal, Prairial ;
Messidor, Thermidor, Fructidor.

Cette année, composée de trois cent soixante - cinq jours, qui se divisent en décades, puis en mois, éprouve quatre changemens, que l'on nomme *saisons* : le printemps, l'été, l'automne et l'hiver. Le printemps est le réveil de la nature ; les arbres reprennent leurs feuilles et leurs fleurs : voilà ce qui te rappelle dans le jardin. L'été est le temps où la chaleur se fait sentir avec le plus de force ; tout mûrit. L'automne est le temps des moissons de toute espèce. L'hiver est le repos de la nature.

Dans d'autres pays que le tien, les mois se composent de semaines, qui sont de sept jours :

Lundi, Mardi, Mercredi, Jeudi, Vendredi, Samedi, Dimanche.

Les mois s'appellent :

Janvier, Février, Mars, Avril, Mai, Juin, Juillet, Août, Septembre, Octobre, Novembre, Décembre.

Chez les hommes, la distribution et le nom des jours et des mois peuvent ne pas se ressembler : mais l'ordre admirable du ciel ne varie jamais ; en conséquence les saisons reviennent toujours alternativement.

VENDÉMIAIRE.

C'est le mois des vendanges.

Le parterre n'est presque plus orné de fleurs.

On a cueilli les fruits sur les arbres du verger.

Heureusement qu'il y a encore des noix sur les noyers, et des châtaignes sur les châtaigniers.

Voilà donc des provisions pour cet hiver. Nous faisons de petits bateaux avec les coquilles des noix, et les marrons rôtis dans la poêle fourniront à nos petits goûters, avec du cidre.

Mais vois donc, sur la colline, ces hommes et ces femmes avec leurs paniers?

Ils vont couper les raisins qui sont mûrs.

Cela s'appelle *vendanger*.

Lorsqu'on a jeté une grande quantité de grappes dans un grand, grand tonneau, des hommes les foulent avec leurs pieds; la liqueur qui en découle, c'est le vin. On le met dans de petits tonneaux, puis dans des bouteilles de verre, et on le sert sur nos tables pour le boire à dîner et à souper.

BRUMAIRE.

C'est le temps des brouillards.

Les feuilles des arbres tombent de toutes parts.

Le soleil se distingue à peine à travers les brouillards.

La campagne a perdu ses charmes.

Heureux de retrouver à la ville ses petits cousins, ses petites cousines, ses amis !

On lit avec eux de jolis livres.

Les bons papas, les bonnes mamans, racontent des histoires.

On regarde des estampes qui représentent des animaux.

On va voir les Polichinels, les Ombres chinoises.

FRIMAIRE.

C'est le mois des frimas.
Le froid devient piquant.

La neige tombe comme des dragées.

Le vent l'emporte ; elle vole en tourbillons.

Impossible de sortir.

Quand on sait lire tout seul, on apprend de grandes histoires, de jolies fables.

Les histoires roulent sur des enfans qui sont les uns bons, les autres méchans.

Les bons se font aimer, caresser, rendent heureux leurs parens.

Les méchans se font haïr de tout le monde, et il leur arrive toujours malheur.

N I V O S E.

Ce mois est celui des neiges.

Le froid est si grand, que l'eau qui étoit dans la carafe est gelée.

Sur la rivière on voit de gros glaçons.

Ils s'amoncellent, se serrent les uns contre les autres, et on ne voit plus la rivière.

Alors on met à ses pieds des patins, et l'on voltige sur la glace, qui est

comme un miroir. Cet exercice est salu-
taire.

Mes amis, prenez bien garde de tomber :
vous pourriez facilement vous casser un
membre.

Il faut être hardi, mais prudent.

Il n'est que quatre heures, et voilà déjà
la nuit. Comme il fait froid !

Allons nous chauffer , allons nous
chauffer.

PLUVIOSE.

C'est le mois des pluies.
Il fait encore bien froid.
Les jours cependant deviennent plus
longs.
Déjà l'herbe commence à percer la terre.
Les corbeaux vont faire leurs nids.
Cet homme laboure son champ.
Remarque combien son travail est pé-
nible.
Cet autre sème le grain qui sert à faire
le pain que nous mangeons.

Courage, brave homme !
Que Dieu vous donne bonne récolte !

VENTOSE.

Mois des vents.
Le vent souffle avec violence.
C'est comme une tempête.
Il vient de renverser cet arbre.
Le soleil cependant se colore.
Sa chaleur réchauffe la nature.
Voilà de bien jeunes agneaux.
A peine peuvent-ils marcher.
Mais quelle est cette fleur ?
C'est une violette.
C'est la première fleur de l'année.

GERMINAL.

C'est le mois des germes.
Quel doux ramage !
Les oiseaux chantent leurs amours.
Les arbres sont couverts de fleurs.
Les fleurs naissent en foule dans les prairies, dans les jardins.

Les doux zéphirs les caressent.

Les jolis papillons voltigent tout autour, et se reposent sur leur sein.

Le soleil n'est plus obscurci.

Il pleut, mais le soleil luit toujours.

L'arc-en-ciel se déploie.

O les belles couleurs !

Joli arc-en-ciel, reste toujours devant nos yeux.

L'hirondelle est revenue.

Elle vient nous annoncer que le printemps est de retour.

FLORÉAL.

C'est le mois des fleurs.

Lève-toi, mon bon ami.

Le temps est trop beau pour rester aussi long-temps au lit.

Prenons chacun un bon morceau de pain, et allons nous promener.

Chemin faisant nous pourrons déjeûner.

Voici des fraises ; comme elles sont grosses !

Et le groseillier, il nous offre ses jolis fruits.

Aimerois-tu aussi les cerises ?

En voici, mais les oiseaux les ont béquetées.

Les petits friands savent bien choisir les meilleures.

Vois-tu tous ces paysans là-bas dans la prairie ?

Ce sont des faucheurs ; en voilà qui aiguisent leur faux.

Ils vont couper le foin.

Que de jolies fleurs vont être moissonnées ?

Nos chevaux, nos vaches, nos bœufs, trouveront cela bien bon cet hiver ; lorsque la neige couvrira la terre, et les forcera de rester dans leurs écuries.

Comme la nature est bonne !

Les fleurs odorantes assaisonnent, pour ainsi dire, les herbes, et les rendent plus agréables au goût.

N'approche pas trop près, car la faux pourroit te couper les jambes.

Allons, jeunes filles, prenez vos fourches et vos râteaux.

Étendez le foin, pour que le soleil puisse le sécher.

Autrement il pourriroit dans le grenier.

PRAIRIAL.

Le joli mois que celui des prairies !

Quel plaisir de les parcourir !

L'aubépine est en fleur ; marchons le long de la haie, respirons son parfum.

Quel joli bouquet de jonquilles, de roses, de jasmins !

Quelle douce odeur ! Il faut les placer sur la cheminée, dans un vase rempli d'eau : elles conserveront long-temps leur fraîcheur.

Un nid d'oiseaux !

O les aimables petites créatures !

Ils n'ont pas encore de plumes.

Vois donc, petit ami, ils ouvrent le bec ; ils demandent à manger.

Mais voici la mère, elle a peur de nous ; allons-nous-en.

MESSIDOR.

Mois des moissons.

Il fait bien chaud.

Les blés sont bientôt mûrs.

Nous avons fort heureusement des fruits excellens pour nous rafraîchir.

Voici des abricots, des prunes, des melons.

Depuis long-temps il n'est pas tombé une goutte d'eau.

La pluie viendroit fort à propos.

Cependant les nuages s'amoncellent; je crains qu'il ne survienne un orage.

Eh! mais le tonnerre gronde!

Retirons-nous dans cette chaumière.

Ah! Dieu merci, voilà une pluie bien-faisante.

Le gazon, les fleurs étoient toutes brû-lées; elles vont reprendre leur fraîcheur.

Voilà qui est fini; le ciel est d'un beau bleu, les nuages fuient et se dispersent.

Nous pouvons gagner le parc.

Comme les oiseaux gazouillent!

Reposons-nous sous ces voûtes de ver-
dure; respirons-y la fraîcheur.

THERMIDOR.

C'est le mois des chaleurs.

Effectivement, depuis quelques jours
elles sont étouffantes.

Nous irons encore baigner ce soir.

Ce matin il faisoit bien bon dans le
bain.

Quand tu seras plus grand, tu appren-
dras à nager; c'est un exercice bien
agréable, quelquefois bien dangereux
lorsque l'on est imprudent.

L'on va faire la moisson des blés.

Regarde donc combien un épi renferme de grains.

On rassemble toutes les tiges; on en
forme des gerbes, que l'on portera dans
la grange.

On les battra avec des fléaux.

Le grain quittera l'épi.

On donnera la paille aux chevaux, et l'on portera le blé au moulin pour le moudre.

Le meunier le rendra en farine, le boulanger en fera du pain, le pâtissier des gâteaux.

Remarque donc cette pauvre femme qui ramasse les épis échappés aux moissonneurs; cela s'appelle *glaner*.

Prends, prends, pauvre femme; il faut bien que tout le monde vive.

FRUCTIDOR.

C'est le mois des fruits.

Oh! quel plaisir de ramasser les poires et les pommes!

On les serre avec soin dans le fruitier.

L'hiver on les retrouve avec plaisir sur nos tables.

Dans de certains endroits où il croît beaucoup de pommiers, comme on ne sauroit manger toutes les pommes qu'ils produisent, on les porte au pressoir.

Le pressoir est une machine qui écrase les pommes, comme vous avez vu faire pour les grappes de raisin.

Le jus qui sort de ces pommes écrasées se nomme *cidre*.

C'est la boisson ordinaire de certains cantons.

Vous vous ressouvenez bien d'en avoir vu pétiller comme du vin de Champagne; c'est une bien agréable boisson, n'est-ce pas, quoiqu'elle pique un peu?

LE CHATEAU DE CARTES.

Cornélie pleuroit, boudoit, ne vouloit plus manger, afin de mourir bien vîte. Son mortel petit chagrin avoit décoloré ses joues par un torrent de larmes. N'est-ce pas, ma Bonne, que maman est bien méchante? disoit-elle : elle est allée promener sans moi. Oh! je crois que je ne l'aime plus. — N'est-ce que cela? dit la Bonne : elle a eu raison, car le soleil.

3

est brûlant. Sais-tu ce qu'il faut faire, Cornélie ? Voilà des cartes, fais des châteaux; tu ne t'ennuieras pas. — Les larmes sont taries, et Cornélie saute de joie. Elle arrange ses cartes, les pose en file, puis une nouvelle rangée dessus; bientôt c'est un château magnifique, dont la hauteur est prodigieuse. Mais, hélas! ô fragilité! un vent perfide, pénétrant par la porte, détruit en un clin d'œil ce frêle édifice qui a coûté tant de peines. Il faut donc recommencer. Ah! pauvre Cornélie! ne t'en plains pas; tu peux déjà conclure de ce petit malheur, que rien n'est solide et permanent ici-bas.

LE CERF-VOLANT.

Paul et Marcellin obtinrent de leur papa la permission d'aller à la promenade, en récompense de leur exactitude au travail. Ils avoient fait un cerf-volant superbe. Munis d'une grosse pelote de ficelle, ils se rendent tout joyeux dans une rase campagne. Paul alors déploie sa ficelle ; Marcellin monte sur une éminence, et tient le cerf-volant le plus élevé qu'il peut. Paul attend qu'un coup de vent le lance au haut des airs. Il court, se retourne, s'arrête, tire la ficelle, la lâche, jusqu'à ce que le cerf-volant s'élève bien perpendiculairement. Alors on envoie un messager ; c'est une petite carte ronde que l'on passe dans la ficelle, et qui parvient tout en tournoyant jusqu'au cerf-volant. Enfin il se perd dans les airs ; on le compare fièrement à un ballon.... Tout-à-coup un coup de vent relance la frêle machine, et lui fait faire une pirouette ; une légère pluie l'a détrempée, elle tombe à leurs pieds en lambeaux. Je gage, dit Paul, qu'il aura crevé un nuage. Non, mon ami, dit le papa ; il s'est trop élevé, il s'est perdu. Ainsi, mes bons amis, dans quelque rang que le hasard ou vos talens vous placent, gardez un juste milieu entre l'orgueil et la bassesse.

Dire du mal de son camarade, ou de son ami, c'est lui faire un tort irréparable : il vaut mieux se taire que de calomnier.

Ne publiez pas les bonnes actions que vous ferez ; faites le bien pour votre propre satisfaction.

C'est au jeu que l'enfant met son caractère à découvert ; il est avec ses camarades ce qu'il sera par la suite dans la société.

Le courage n'est pas seulement dans les combats, il est aussi dans toutes les actions de la vie.

La franchise et la vivacité annon-
cent toujours un bon caractère.

L'enfant docile n'attend pas qu'on
lui marque ses devoirs : dans les yeux
de ses parens et dans leurs caresses
il reconnoît ce qu'il a à faire ; c'est
un miroir qui ne trompe jamais.

Dans quelque situation que vous
vous trouviez, riche ou pauvre, puis-
sant ou foible, soyez toujours probe.
Tout change dans la vie ; tel qui
étoit grand hier, peut être renversé
aujourd'hui. Heureux quand, dans
l'adversité, on peut promener par-tout
ses regards sans rougir !

ÉLÉMENS
D'ARITHMÉTIQUE.

0,   1,   2,   3,

zéro,   un,   deux,   trois,

4,   5,   6,   7,

quatre,   cinq,   six,   sept,

8,   9,

huit,   neuf.

Ces caractères s'appellent des *chiffres*, ils servent à compter.

Pour exprimer des nombres plus considérables, on est convenu que de dix unités on n'en feroit qu'une, à laquelle on donneroit le nom de *dixaine*, et que l'on compteroit par dixaines comme on compte par unités ; c'est-à-dire que l'on diroit deux dixaines, trois dixaines, etc. jusqu'à neuf dixaines ; que, pour représenter ces nouvelles unités, on emploieroit les mêmes chiffres que pour les unités simples, et qu'on les distingueroit de celles-ci en les plaçant à leur gauche.

E X E M P L E.

Pour représenter vingt-trois, qui renferme deux dixaines et trois unités, on écrit 23.

Le zéro indique qu'il n'y a point d'unités simples.

E X E M P L E.

Soixante, 60.
Six dixaines sans unités.

NOMBRE CARDINAL.		NOMBRE ORDINAL.
Chiffres arabes.	Chiffres romains.	
1 Un.	I.	Le premier.
2 Deux.	II.	Le second.
3 Trois.	III.	Le troisième.
4 Quatre.	IV.	Le quatrième.
5 Cinq.	V.	Le cinquième.
6 Six.	VI.	Le sixième.
7 Sept.	VII.	Le septième.
8 Huit.	VIII.	Le huitième.
9 Neuf.	IX.	Le neuvième.
10 Dix.	X.	Le dixième.
11 Onze.	XI.	Le onzième.
12 Douze.	XII.	Le douzième.
13 Treize.	XIII.	Le treizième.
14 Quatorze.	XIV.	Le quatorzième.
15 Quinze.	XV.	Le quinzième.
16 Seize.	XVI.	Le seizième.
17 Dix-sept.	XVII.	Le dix-septième.
18 Dix-huit.	XVIII.	Le dix-huitième.
19 Dix-neuf.	XIX.	Le dix-neuvième.
20 Vingt.	XX.	Le vingtième.

| NOMBRE CARDINAL. | NOMBRE ORDINAL. |
Chiffres arabes.	Chiffres romains.
3o Trente.	XXX. Le trentième.
4o Quarante.	XL. Le quarantième.
5o Cinquante.	L. Le cinquantième.
6o Soixante.	LX. Le soixantième.
70 Soixante-dix.	LXX. Le soixante-dixième.
8o Quatre-vingts.	LXXX. Le quatre-vingtième.
90 Quatre-vingt-dix.	XC. Le quatre-vingt-dixième.
1oo Cent.	C. Le centième.
5oo Cinq cents.	D. Le cinq centième.
1ooo Mille.	M. Le millième.

Petit Tableau de multiplication.

2	fois	2	font	4
2	fois	3	font	6
2	fois	4	font	8
2	fois	5	font	10
2	fois	6	font	12
2	fois	7	font	14
2	fois	8	font	16
2	fois	9	font	18
2	fois	10	font	20
2	fois	11	font	22
2	fois	12	font	24
3	fois	3	font	9
3	fois	4	font	12
3	fois	5	font	15
3	fois	6	font	18
3	fois	7	font	21
3	fois	8	font	24
3	fois	9	font	27
3	fois	10	font	30
3	fois	11	font	33
3	fois	12	font	36

4	fois	4	font	16
4	fois	5	font	20
4	fois	6	font	24
4	fois	7	font	28
4	fois	8	font	32
4	fois	9	font	36
4	fois	10	font	40
4	fois	11	font	44
4	fois	12	font	48
5	fois	5	font	25
5	fois	6	font	30
5	fois	7	font	35
5	fois	8	font	40
5	fois	9	font	45
5	fois	10	font	50
5	fois	11	font	55
5	fois	12	font	60
6	fois	6	font	36
6	fois	7	font	42
6	fois	8	font	48
6	fois	9	font	54
6	fois	10	font	60

6   fois   11   font   66.
6   fois   12   font   72

7   fois   7   font   49
7   fois   8   font   56
7   fois   9   font   63
7   fois   10   font   70
7   fois   11   font   77
7   fois   12   font   84

8   fois   8   font   64
8   fois   9   font   72
8   fois   10   font   80
8   fois   11   font   88
8   fois   12   font   96

9   fois   9   font   81
9   fois   10   font   90
9   fois   11   font   99
9   fois   12   font   108

10   fois   10   font   100

DE L'IMPRIMERIE DE PLASSAN.

Celui qui travaille dans sa jeunesse,
peut se soulager dans sa vieillesse.

Respectez les infirmités de vos semblables,
Soulagez leur misère.

Dernière leçon.

MES enfans, soulagez vos père et mère dans leur vieillesse; souvenez-vous des soins qu'ils ont pris de votre enfance.

Les bonnes actions sont les plus précieuses richesses des enfans.

Plus nous faisons de bonnes actions dans notre jeunesse, plus nous préparons de douceurs et de consolations pour notre vieillesse.

Le corps est soutenu par les alimens, et l'ame se soutient par les bonnes actions.

Ne remettez pas à demain la bonne action que vous pouvez faire aujourd'hui.

F I N.

P A R I S,

9 782014 0189